Pusteblume

oder mehr als tausend Worte

Heidrun Päulgen

Cover: Pixabay

2

Inhaltsverzeichnis

Pusteblume..................................7

Lächeln.....................................8

Glaskalt....................................9

Der Tag....................................10

Glut.......................................11

Kraftlos...................................12

Verschlossene Seele........................14

Das Meer...................................15

Sternschnuppen.............................16

Schwarz auf weiß...........................17

Morgentau..................................18

Frühling...................................20

Die Linde..................................21

Der Baum...................................22

Weißer Nebel...............................23

Roter Schleier.............................24

Kraniche...................................24

Roter Mohn.................................25

Wintermärchen..............................26

Weihnachtzeit..............................27

Das Fest...................................28

Unterm Baum................................29

Diamanten..................................30

Neujahr....................................31

Herzschlag.................................32

Gedanken...................................33

Andersrum..34

Meerblick..35

Liebestod..36

Traum...37

Flirt..38

Falten...39

Wahre Liebe...40

Stilles Verstehen.......................................41

Gutes..42

Closed..43

Kopfkino...44

Nixentanz...45

Kunstwerk...46

Blütenzauber..47

Mein Stern..48

Ahorn...49

Tau...50

Freiheit...51

Geheimnis..52

Spiegel...53

Schneeglöckchen.....................................54

Passwörter...55

Eltern..56

Trockendock...57

Bollwerk...58

Chaos...59

Apfel...60

Sch(l)uss..61

Vergessen..62

Leere..63

4

Fragen......64
Ein Quell......65
Versprechen......66
Der Weg......67
Vorbei......68
Der Tod......69
Statist......70
Blind......71
Erlösung......72
Schaffen wir das?......73
Flucht......74
Zerstört......75
Gotenhafen......76
Gotenhafen......77
Zu spät......78
Flüchtlinge......79
Hamburg 1944......81
Vergeben und Verzeihen......85
Nicht allein......87
Geduld......88
Unterwegs......91
Unterwegs......92
Gedanken im März......93
Mit allen Sinnen......95
Wolkenbilder......98
Verlorene Seelen......99
Die Einsiedlerhütte......102
Leon......106
Klara und Er......109
Robert......112

5

Der verschollene Ehemann............114
Der braune Koffer............117
Lebkuchen............121
Omas Küche............123
Schlange............126
Else und Karl Friedrich............128
Lachen ist gesund!............130
Klassentreffen............132
Zwei Minuten............135
Zahnweh............137
Mir gehts gar nicht gut............140
Die Weihnachtsgans............143
Drunter und drüber............146
Ich will............157

Pusteblume

Phantasie will frei sein,

will sich entfalten

wie eine Pusteblume im Wind,

um irgendwo neu Gestalt anzunehmen.

Lächeln

Ein Lächeln,

das sich wie eine wärmende Decke um mein

Herz legt,

das wie ein Sonnenstrahl durch dunkle

Wolken bricht.

und von Vertrauen spricht.

Mehr als tausend Wort

Glaskalt

Puppenaugen

Glaskugeln,

Murmeln gleich.

Kalt und klar.

Aufgemaltes Lächeln

in rotem Bäckchen- Gesicht.

Körper ohne Seele.

Kann nicht Lieben.

Der Tag

Der Tag

beginnt harmlos.

Unschuldig noch, die ersten Stunden.

Bis zu jenem Moment,

der *ALLES*

was wir hatten

in den Schatten stellt.

Doch die Welt dreht sich weiter.

Ignorant,

als wäre nichts geschehen.

Als ginge sie das alles gar nichts an.

Glut

Der Tag bricht an,

besiegt die Nacht.

Unschuldig noch und ohne Sorgen.

Der Tag bricht an.

Und aus der Asche letzter Glut

ein Traum von neuem Leben spricht.

Der Tag bricht an,

besiegt die Nacht.

Kraftlos

Kraftlos verzagen,

die Hoffnung begraben.

Den Traum nicht leben.

Aufgeben!

Den Blick ins Nichts gerichtet.

Zum Scheitern verurteilt.

Dass Leben versäumt.

Nur geträumt?

Alles nichts wert?

Alles verkehrt?

Zitronenfalter

Zartgelber Zitronenfalter

auf deinem Haar.

Zu leicht,

als dass du ihn spürst.

Zu leichtsinnig,

deine unbedachte Hand wahrzunehmen,

die ihm die Flügel bricht.

Verschlossene Seele

Undurchlässiger Blick,
verschlossene Seele.
Gedanken kreisen,
wie schwarze Vögel
unter dunklen Wolken.
Unverstanden, sprachlos,
schwer zu ertragen.

Das Meer

Das Meer atmet

im Gleichklang

des Wellenschlags.

Weiße Gischt,

die wütend

jede Spur verwischt,

als wäre ich nie da gewesen,

hätte nie bewundert

seine Kraft und seine Farben.

Hätte nie geatmet

seinen Duft.

Sternschnuppen

Sterne

Blinkende Grüße

aus tiefster Vergangenheit,

lassen mich

von der Zukunft träumen,

bevor sie im Todeskampf

verglühen.

Ich zähle Sternschnuppen.

und wünsche Wünsche,

bis mir der Sternenstaub

in den Augen brennt

und den Blick vernebelt.

Schwarz auf weiß

Schwarz auf weiß,

das Blaue vom Himmel versprochen,

die Wahrheit verbogen,

der Sinn oft verlogen,

steht auf Wänden und Plakaten

geschrieben, was wir brauchen,

um unser Leben zu lieben.

Morgentau

Im kühlen Morgentau,

wenn sich der Tag erhebt,

hab ich die Fee gesucht,

die Seidenfäden webt.

Zu feinsten Gespinsten.

Von Halm zu Halm,

glänzt ihr Werk im frühen Licht.

Einzig die Fee ist mir entkommen,

und ich finde sie nicht.

Lied des Frühlings

Hörst du das Lied des Frühlings in den Gärten?
Nicht laut, doch kraftvoll schön.
Ein Chor aus Vogelstimmen
erfüllt dein Herz mit Sehnen.

Siehst du die Schmetterlinge tanzen,
grazil und Elfen gleich?
Sie nehmen deinen Blick gefangen.
Doch du bist frei, sei wie du bist
und lebe, was dein Leben ist.

Fühlst du die Kraft in deinem Herzen?
Sie trägt dich durch die Zeit.
In Liebe und im Schmerze
und ohne Furcht im Leid.

Und selbst in dunkler Nacht
Fühlst du dich gut bewacht.
Hörst du das Hohe Lied des Lebens.
Du bist die Melodie dazu.

Frühling

Frühling schwebt auf leichten Schwingen,
durch die warme, sanfte Luft.
Hör von weit ein Kindersingen
und die Amsel ruft.

Der Duft von aufgebrochner Erde
weckt Sehnsucht nach Erneuerung,
dass alles wächst und wieder werde,
in ewiger Erinnerung.

Erste Sonnenstrahlen zaubern
Schattenspiele an die Wand,
und ich nehme ohne Zaudern,
doch in Liebe, deine Hand.

Will mit dir sein, will tanzen und lachen,
auch küssen möcht ich dich,
und andere Sachen will ich machen.
Sag mir, liebst du auch mich?

Die Linde

Groß und prächtig steht die Linde,

wiegt die Zweige stolz im Wind.

In ihrem Schatten duckt ein Blümchen.

Nun hat der Sturm den Riesen umgeweht.

Das Blümchen spricht: „Mich trauert's nicht,

denn endlich steh ich auch im Licht."

Der Baum

Der Baum

Ich weiß von seinen Wurzeln,

manchmal möcht' ich sein wie er.

Geduldig wachsen und freudig erblühen,

Früchte tragend im Herbst,

rot, gelb und grün.

Stürmen trotzend

und mich von aller Last befrein.

Des Lebens Sinn erfüllen.

Im Sein.

Weißer Nebel

Weißer Nebel legt sich still,
wie ein Schleier übers Tal.
Süßer Duft nach reifen Früchten.
Die Sonne steht schon tief,
und wärmt ein letztes Mal.

Wind zerrt Blätter von den Zweigen,
die kraftlos sich ergeben
und tänzelnd hin zur Erde schweben,
um zu vergeh'n für neues Leben.

Stiller Glanz in müden Augen,
staunend, doch so voll Versteh'n.
Alles ist in Allem,
wird geboren um zu gehn.

Roter Schleier

Im roten Schleier sinkt die Schöne nieder,

verneigt sich vor der Dunkelheit.

Verspricht: Am Morgen komm ich wieder.

Was macht sie in der Nacht allein?

Der Mond indes hat kalte Glieder,

er möcht' so gerne bei ihr sein.

Im roten Schleier sinkt die Schöne nieder,

und lässt den Mond des Nachts allein.

Kraniche

Wenn früh die Nebel steigen,

wie Wolkenschleier über'm See,

ziehn die Gedanken fort

in mystisch ferne Zeiten.

Still steht der Reiher.

Doch hoch in den Lüften,

hör ich den Kranich kreischen.

Schau sehnsuchtsvoll

wie sie im großen Tross

gleich einer Perlenschnur

gen' Süden reisen.

Auf Wiedersehen!

Roter Mohn

Der Wind weht frisch aus Osten,
treibt Wolken vor sich her.
Reifes Korn wogt auf den Feldern
wie goldnes Meer.
Wie weit die Blicke schweifen,
und endlos ist die See
so bleib ich dennoch stehn
um dicht vor meinen Füßen
den roten Mohn zu sehn.

Wintermärchen

Wintermärchen - Sonnenschein,

möchte gerne draußen sein.

Puderzucker - Flockentanz,

Schlitten fahr'n mit Bruder Hans.

Pudelmütze und ein Schal,

komm, wir rodeln noch einmal.

Hab die Handschuhe verloren

und die Finger rot gefroren.

Hinterm Ofen liegt das Kätzchen,

da ist sicher noch ein Plätzchen,

für zwei durchgefrorene Kinder,

im Winter.

Weihnachtzeit

Lichter blitzen,

und aus sämtlichen Ritzen tönen Lieder, wie

Alle Jahre wieder.

Künstlicher Glanz in trauriger Welt,

Geschenke gibt's nur noch für Geld.

Hasten und hetzen, ich find' keine Ruh',

traurig guckt das Christkind zu.

Vom Himmel hoch,

fällt jetzt noch Schnee.

Die Füße tun vom Laufen weh.

Oh Tannenbaum, oh Tannenbaum,

du fehlst mir noch zum Weihnachtstraum.

Bist aus Plastik, ohne Duft,

die Glocke schon zur Vesper ruft.

Schnell noch den Braten in die Röhre,

da hör ich schon der Engel Chöre.

Ich öffne mir den guten Wein,

und lass Weihnachten endlich Weihnachten sein.

Das Fest

Aufstehen

Suchen und Sehen.

Eingehüllt in Vertrautheit.

In bunten Farben und Düften

Den Klang der Musik hören.

Tanzen und Fröhlichkeit.

Die Sterne weisen den Weg.

Gut behütet und leichten Fußes

den Weg zum Friedensfest gehen.

Feliz Navidad

Unterm Baum

Weihnacht ist's,

und unterm Baum,

man glaubt es kaum,

liegen Socken und Krawatte

- wovon ich schon genügend hatte!

Gerne würde ich es wagen,

meinem Christkind klar zu sagen,

was meine Wünsche wirklich sind.

Bin doch im Innern noch ein Kind!

Diamanten

Weiße Atemfähnchen
am klirrend kalten Wintermorgen,
harscher Schnee knirscht
unter unseren Füßen.
Verzuckert scheint der Wald.
Das weite Feld, es glitzert, Diamanten gleich,
und deine Hand liegt in der meinen,
warm und weich.
Lass uns noch gehn ein Weilchen,
und lass uns sehn ein Weilchen
die wundersame Winterwelt.

Neujahr

Die Zeit vergeht - das Jahr verrinnt,

mit Feuerwerk und viel Tamtam.

Trink deinen Wein,

und lausch' der Wünsche Sinn.

Sie plätschern eitel vor sich hin,

gleich einem kurzen Regenschauer,

ins neue Jahr.

Und nichts davon ist je von Dauer.

Herzschlag

Was hat das Herz

in meiner Brust zu klagen?

Es muss nur schlagen!

Ich seh' die Welt mit allem wie sie ist,

muss sie ertragen.

Muss mich mit falscher Liebe und

so manchem Kummer plagen.

Doch du, mein Herz,

du musst nur schlagen!

Gedanken

Gedanken ranken

in meinem Kopf.

Kreuzen und verschlingen sich,

stoßen an Schranken.

Gedachte Gedanken.

Gedanken fließen

aus vielen Quellen ineinander

und verschmelzen.

Fragmente des Lebens,

aus der Vergangenheit und der Zukunft

ins Jetzt.

Andersrum

Du denkst, die anderen sind anders,

weil du selber anders bist?

Denkst dir eine Welt zusammen,

wie sie dir gefällig ist.

Stehst fest auf deinem Standpunkt,

von dem aus du die Dinge siehst.

Wie wär's, wenn wir mal tauschen würden,

und du von meinem Standpunkt sprichst?

Meerblick

In deinen Augen liegt das Meer.

Ich will versinken,

ohne zu ertrinken.

Eintauchen bis auf den Grund

deiner Seele.

Ihre Verwundbarkeit erahnen,

Wärme und Offenheit fühlen.

Vereint sein, und doch frei.

Liebestod

Dein Blick hält mich aus,

während ich dich

aus meinem Herzen stoße,

und klaglos,

ohne Schmerzensschrei,

die Liebe ertränke.

Traum

In meinem Bett

lag ich und träumte,

oder war es Wirklichkeit?

Dass mich ein Sehnen dräute,

ganz nah bei dir zu sein.

In meinem Bett

lag ich und träumte ...

Flirt

Herzklabaster,

Wimpern klimpern,

ein scheuer Blick-.

ein schelmisch forsches Zwinkern.

Ein paar Worte, nur geflüstert,

ein paar Blicke, reichlich lüstern.

Deine Hand die meine hält.

Reden über Gott und Welt.

Komm, lass uns gehn,

zu mir? Zu dir?

Auf ein Bier,

oder zwei?

Falten

Längst hat mein Angesicht schon Falten.

Die Haut wird welk,

man zählt mich zu den Alten.

Doch sehnt und schwant mir

Noch das Glück zu halten.

Die Liebe und auch Zärtlichkeit.

Mein Herz schlägt jung,

es hat noch keine Falten.

Wahre Liebe

Wer wahre Liebe lebt,

in unbekannten Tiefen

und höchsten Höhen sich bewegt,

wer manches Jammertal durchschreitet,

sich verbrennt und schrecklich leidet,

der weiß, dass diese große Macht,

uns bis ins Alter glücklich macht.

Stilles Verstehen

Stilles Verstehen

in deinen Augen.

Ungesagte Worte,

die mich dennoch erreichen.

Berührst meine Seele,

hältst mich fest,

ohne mich zu binden.

Gutes

Lass deine Seele in dir wachsen,

- einem Kinde gleich-,

das nur gedeiht zum Guten,

wenn es von Liebe weiß.

Und kommt dereinst die Stunde,

wo sie nach Freiheit strebt,

so ist es deine Seele,

die Gutes weiterträgt.

Closed

Lange Suche, dunkle Stunden.

Angst, Verwirrung, tiefe Wunden.

Schutzlos geh ich durch die Nacht.

Sog und Strudel ziehn mich runter.

Halt mich fest, ich gehe unter.

Zerschlag das Eis und öffne die Tür,

zu mir.

Kopfkino

In meinem Kopf bin ich allein,

hier kann ich alles denken.

Da kann ich ungestört

und mutig meine Schritte lenken.

Ich kann die Welt verbiegen

und in den Himmel fliegen.

Ein Held sein kann ich, wenn ich will,

auch schwach sein, ohne Sorge.

Kann klein sein oder Riese

beim Träumen auf der Wiese.

In meinem Kopf bin ich allein,

hier kann ich alles denken.

Nixentanz

Am kühlen Meeresgrunde,

sah ich den Nixen zu bei ihrem Spiel.

Ob sie auch mich bemerkten?

Ihr Tanz war sehr grazil.

Bunt glitzerten die Leiber im blauen Licht.

Wie schön geschmückte Bräute

in silberner Gischt.

Am kühlen Meeresgrunde,

sah ich den Nixen zu bei ihrem Spiel.

Kunstwerk

Im Licht der Morgensonne

schimmert zart

ein Seiden Kunstwerk

von besondrer Art.

Vom Haus bis hin zur Regentonne.

Im Licht der Morgensonne

schimmert's zart.

Indes der Künstler

sich diskret versteckt,

bis ein Insekt

begehrliches Interesse weckt.

Im Licht der Morgensonne

schimmert zart

ein Seiden Kunstwerk

von besondrer Art.

Blütenzauber

Blütenfarbenrausch

unter lichtem Wolkenhimmel.

Frühling im Park.

Mein Stern

Über

den Himmeln,

da wo die

Ewigkeit wohnt, finde ich meinen

Stern.

Ahorn

Der

Ahorn spricht

in roter Farbe,

wird ohne Worte zum

Gedicht.

Tau

Tau
glitzert hell
im frühen Morgenlicht.
Herbst liegt auf den
Wiesen.

Freiheit

Über

den Wolken

wohnt die Freiheit,

und der Himmel ist

nah.

Geheimnis

Verrät

das Glück

Dir sein Geheimnis,

ist's Dir von Herzen

zugetan.

Spiegel

Der Himmel spiegelt sich im See,

staunt, wie schön er ist.

Schneeglöckchen

Schneeglöckchen
im Garten.
Zarte Blüten recken
trotzig ihre weißen Köpfchen.
Frühlingsboten.

Passwörter

Passwörter

verschließen meine

Seele, hüten ihre

Schätze und schützen meine

Geheimnisse.

Eltern

Mütter

sind auch

nur Menschen, bei

Vätern sieht es ähnlich

aus.

Trockendock

Ehe

im Hafen,

auf dem Trockendock.

Keine handbreit Wasser unterm

Kiel.

Bollwerk

Familienverbund-

ein Bollwerk.

Kein Zutritt für

Außenstehende, der Bedarf ist

gedeckt.

Chaos

Chaos tut mir gut,- manchmal.

Es reduziert mich auf das Wesentliche,

lässt mich lebendig werden.

Chaos tut mir gut, - manchmal.

Danach fühl ich mich nutzlos.

Zu viel Zeit und zu viel Raum.

Zeit, die nichts von mir will.

Raum, den ich nicht ausfülle.

Chaos tut mir gut, manchmal.

Es reduziert mich auf das Wesentliche.

Apfel

Apfel,

außen prall

und leuchtend rot,

innen aber

mausetot.

Sch(l)uss

Staren-Scharen

über prallen Reben

wo sie Trauben rauben.

Ein Knall! - ein Schuss,

dann ist Schluss

und sie entschweben.

So ist das Leben eben.

Vergessen

Keller,

irgendwie dunkel,

gut fürs Verstecken

und Vergessen.

Keller

Leere

Worte

sind weg,

der Faden verloren.

Bin sprachlos, schau ratlos,

Leere im Blick

kommen sie

zurück?

Fragen

Was denkt uns, was lenkt uns?

Wo ist der Weg und wo das Ziel?

Was ist zu wenig, was zu viel?

Was ist Schicksal, was ist Glück?

Was ist Traum und was die Wirklichkeit?

Wohin flieht die Zeit?

Ein Quell

Ein Quell entspringt dem Schoß der Erde
und wächst zum großen Fluss heran.
Ergießt am Ende sich im Meere,
wo aller Leben Anfang nahm.
Denn niemals bin ich je verloren,
selbst wenn ich stürbe meinen Tod,
so lebt doch weiter meine Seele
in andren Dingen fort und fort.
Verneige mich vor jeder Blume,
vor jedem Leben, jedem Stein.
Ein jedes Ding hat seine Seele,
auch wenn's vergeht, wird's ewig sein.

Versprechen

Wenn falsche Glücksversprechen

Dir deine Seele brechen.

Wenn eitler Glanz die Augen blendet,

und wenn die Last zu schwer ist zu ertragen,

wirst du dich fragen:

„Hab ich die Zeit mit Falschem nur verschwendet?

Was bleibt, wenn heut' mein Leben endet?

Und wo war die Zufriedenheit?"

Der Weg

Ich hastete so durch mein Leben,

und fragte mich, wo führt es hin?

Und rechts und links an meinen Wegen,

da suchte ich nach einem Sinn.

Verlor mein Lachen und die Liebe,

den Glauben an die Menschlichkeit.

Wer wird die Zweifel je besiegen,

und wer bleibt Sieger dieser Zeit?

Ich haste weiter durch mein Leben,

auf das ich keine Antwort weiß.

Vorbei

Wir haben die Zeit vergessen,

an langen Tischen gesessen

zu viel Wein getrunken,

tief in Erinnerung versunken.

Wir haben gelacht,

wir haben geweint,

in Freundschaft vereint.

Lang ist's vorbei,

der Tisch ist frei.

Der Tod

Der Tod sitzt mir im Nacken,

schaut mir beim Leben zu.

Ich hör ihn leise lachen,

wie achtlos ich's vertue.

Mischt er sich jetzt schon in mein Sein,

- wo ich sein Pfand doch bin?

„Die Endlichkeit ist dein", er spricht,

„dass *WANN* und *WO* bestimme ich!

Nur *WIE* du lebst, bestimm' ich nicht."

Statist

Auf der Bühne des Lebens

suchst Du mich vergebens.

Ich spiel keine Rolle,

bin nur Statist.

Schau zu wie sich die anderen mühen,

vor Enthusiasmus nur so sprühen.

Sich feiern lassen und sich loben,

und selbstverliebt im Kreise drehn.

Sind einmal unten, manchmal oben.

Wollen erst ihr Leben proben.

Bin nur Statist, und kaum zu sehn.

Blind

Wie kann ein Mensch
den Mensch als Mensch erkennen?
Selbst wenn er Augen eines Adlers hat,
lässt er von Tand und Stand sich blenden,
wo nur ein Blinder Durchblick hat.

Erlösung

Schweigen,

die Zähne zusammenbeißen,

die Faust in der Tasche ballen

und die Augen verschließen,

bis die Seele erstickt,

und das Herz taktlos nach Erlösung sucht.

Schaffen wir das?

Wir schaffen das,
sagt Frau Merkel.
Gemeinsam sind wir stark,
antwortet das Volk.

Es ist zu viel,
sagen die einen.
Wir haben Angst,
bekennen die anderen.

Schließt die Grenzen,
fordern manche.
Schießt auf Menschen,
ruft ein Rest.

Flucht

Flucht

Vor Krieg

und dem Verderben

in ein neues Land,

in dem es Hoffnung gibt,

in Sicherheit zu sein

und ohne Angst

einfach nur

LEBEN.

Zerstört

Lorbeer begrenzter Sieger,

im Stechschritt voran.

Freudlos, mit eisiger Hand.

Schmerzlos ertragen,

lautloses Klagen.

Die Welt zu Füßen,

zertreten, zerstört.

Gotenhafen

Bange Stille macht sich breit,

in der Nacht hat es geschneit.

Nichts erinnert, alles ist bedeckt.

Wir gehn voran im langen Treck.

Raben kreischen heischend über unsere Köpfe.

Hungrige Kinder, verlauste Zöpfe.

Vertröstet auf das nächste Mahl,

vielleicht am Abend, vielleicht erst morgen.

Sei still mein Kind, hab andere Sorgen.

Vorwärts, weiter, ohne Gnade,

das Meer gefroren, Gotenhafen weit,

zum Ausruhen ist jetzt keine Zeit.

Halt durch mein Kind,

kann dich nicht tragen, hör auf zu klagen!

Gotenhafen

Donnerndes Dröhnen in der Luft,
Schüsse gellen – der Schnee färbt sich Rot ...
Mein armes Kind!
Erbarmungsloser Tod.

Bereite dir ein Bett aus Schnee,
deck dich zu mit einem Kuss.
Eisige Tränen lass ich dir
als letzten Gruß.

Zu spät

Wenn Gräber schluchzen,

und alle Götzen jubilieren,

wenn Schweine tanzen,

und wenn Schafe frieren,

ist es zu spät,

wenn wir uns jetzt nicht rühren!

Flüchtlinge

Tagtäglich hören wir Nachrichten zu der Flüchtlingssituation und schauen uns emotional aufgeheizte und wenig sachlich geführte Talkshows zu diesem Thema an.

Unsere Politiker tragen ihre Hilflosigkeit offen zur Schau, was zur Verunsicherung der Menschen und einer erschreckenden Spaltung der Bevölkerung führt. Neid, Missgunst und Gewalt breiten sich aus wie die Pest. Warum tun wir uns so schwer?

Wir leben in einer weltweit vernetzten, globalisierten Welt. Wir treiben Handel mit fragwürdigen Regierungen. Wir beuten ohne schlechtes Gewissen Menschen aus, um Gewinne zu maximieren. Wir liefern Waffen in Krisen und Kriegsgebiete. Und ja, - natürlich reisen wir gerne in alle Winkel dieser Erde, um „fremde Kulturen" kennenzulernen. Wenn uns jedoch Menschen aus Not und Elend zu nahe kommen, dann igeln wir uns ein, im gemütlichen Wohnzimmer, und wollen unsere Ruhe! Man hat ja schon beim Zuschauen am Fernseher Schweißperlchen auf der Stirn.

Unerträglich sind diese Bilder von Krieg, Sterben, Zerstörung und bitterer Armut.

Wir sind privilegiert! Welch ein Glück!!

Aber, ...wir sind doch alle Menschen, und Mensch zu sein erfordert Mut. Mut, offen aufeinander zuzugehen und nicht nur zuzusehen oder gar wegzusehen! Nicht alles wird dadurch gut, aber vieles wird besser!

Hamburg 1944

Morgen ist Weihnachten. Das Haus, in dem wir wohnten liegt in Trümmern. Nichts erinnert an die prächtige Gründerzeitvilla aus Vorkriegszeiten. Als der Alarm am frühen Nachmittag begann, sind wir unverzüglich mit einem kleinen gepackten Notfallkoffer runter in den Gewölbekeller gelaufen. Der nächste Bunker ist zu weit weg.. Im Kartoffelkeller finde ich mit meinen Kindern Schutz. Die Bomben treffen unser Viertel. Die Engländer haben „Christbäume" über dem Stadtteil abgeworfen, um Ziele markiert. Dann fallen die Bomben. Höllenlärm, Hitze, Staub. Das ängstliche Wimmern der Kinder mischt sich mit den Gebeten der Alten Die Erde erzittert, und der Staub raubt uns fast den Atem. Das Warten zehrt an den Nerven. Ich versuche meine fünfjährige Tochter Paula mit einem Weihnachtsmärchen zu beruhigen. „Mama, glaubst du das

Christkind wird uns hier finden?", fragt sie ernst. „Weihnachten ist überall, Paula, auch hier!" antworte ich ihr. Stunden Später, nach der Entwarnung verlassen wir hustend das dunkle Gewölbe über die zerstörte Kellertreppe nach draußen. Ich kann den Himmel sehen. Rot gefärbt von der brennenden Stadt. Es gibt kein schützendes Dach mehr. Der Anblick ist erschütternd. Trümmer wohin man sieht, kaputte Fahrzeuge, Feuer und Rauch - Tote Menschen. Ein kleiner Trupp läuft durch die Straßen um Leichen zu bergen. Keine Zeit zumTrauern. Ich halte Paula an der Hand, während Karl, mein elfjähriger Sohn den kleinen Koffer trägt. Mühsam stolpern wir über den Schutt unseres Hauses. Den Blick auf den Boden gerichtet entdecke ich meinen Wasserkessel und einen zerbeulten Kochtopf. Die Kinder sind hungrig. Die karge Ration zum Frühstück hält nicht lange vor. Bis gestern konnten wir zumindest die Küche im ersten

Stock nutzen, hatten ein Bett. Ein alter Mann versucht sich aus den Trümmern des Nachbarhauses zu befreien. Ich laufe hin, schaffe Steine weg, die ihm den Weg versperren. Umständlich bedankt er sich. Ich erkenne den Arzt unseres Viertels in ihm. „Warten Sie", ruft er mir zu, „haben Sie Hunger?" „Meine Kinder haben Hunger, ja!" Er zeigt in die Trümmer seines Hauses und bittet uns mitzukommen. Auch er hat im Keller Schutz gesucht. Wir folgen ihm. Er leuchtet uns mit einer Taschenlampe den Weg. Der Keller ist groß. Er öffnet eine dicke Stahltüre, die den Bombenhagel scheinbar unbeschadet überstanden hat. Dann zündet er eine Karbid Lampe an. Der Raum erscheint in warmem Licht. Er ist eingerichtet, mit allem was ein Wohnraum braucht. Sogar Bücher stehen in einem Regal. Er bittet uns an dem einfachen Holztisch Platz zu nehmen, geht in einen Nebenraum, um mit Brot, etwas Schinken und einem Glas Marmelade zurück zu kommen. Auch frisches Wasser aus einer Gallone bietet er uns an. „Frohe Weihnachten!", sagt er feierlich, und zündet eine Kerze an.

Vergeben und Verzeihen

Warum fällt es mir mitunter so schwer, geschehenes Unrecht zu verzeihen. Mein Stolz und die verletzte Eitelkeit bilden schier unüberwindbare Mauern, die unumstößlich scheinen. Dabei ist es nicht unerheblich, wie nah ich dem Menschen stehe, von dem ich mich verletzt fühle. Je näher, umso intensiver ist der Schmerz oder die Wut, und je mehr ich mich gedanklich damit auseinandersetze desto tiefer treibt sich der Stachel in die Seele. Ich sehe nur meine eigene Wahrheit, mag nicht zuhören, nicht glauben, dass es mehr gibt, als meine Sicht der Dinge. Es braucht Zeit und Überwindung, mir diese zweite Wahrheit anzusehen, mich ihr in aller Offenheit zu stellen, und die Antwort darauf auszuhalten. Nein, alles vergessen vermag ich nicht, weil es zum Leben gehört, Teil meiner Biografie geworden ist. Vergeben aber ist ein Akt der inneren Reinigung. Er befreit von einer Last, die mein Denken und Handeln in hohem Maße beeinflusst, mich in vielem blockiert und meiner Gesundheit schadet. So wie ich mich von Zeit zu Zeit von altem, unnützem Krempel trenne, um den wirklichen Schätzen Raum zu geben, um mich neu zu orientieren, wird das Vergeben zur zweiten Chance für einen neuen Lebensabschnitt. Ohne Bewertung, schlicht weil es mir guttut. Dazu ist jeder Zeitpunkt der Richtige. Nicht nur Weihnachten.

Nicht allein

In meiner Not wende ich mich an meinen Bruder. Er ist sicher nicht der, dem ich zutraue, mir aus der Klemme zu helfen. Aber er ist da. Ich erzähle ihm von meinem Problem. Wider Erwarten hört er mir geduldig zu, unterbricht mich nicht! Es beruhigt mich, und es irritiert mich gleichermaßen. Ich bin es nicht gewohnt, dass er geduldig ist, oder gar aufmerksam. Als ich ihm alles gesagt habe, ist er lange still. Er schaut auf seine Hände, als ob es dort eine Antwort abzulesen gäbe. Dann legt er seine Hand auf die meine, und sagt schlicht: „Wir schaffen dass!" Allein diese drei Worte geben mir Kraft und Zuversicht, die Dinge neu zu ordnen und gelassener anzugehen.

Jetzt weiß ich, ich bin nicht allein!

Geduld

Geduld ist eine Tugend, für die man, sofern sie einem zu eigen ist, nicht dankbar genug sein kann. Ich wünsche mir mehr davon, weil sie mir fehlt. All die klugen Sprüche zu diesem Thema konnten mich nichts lehren. Sind fruchtlos an mir vorübergegangen. Ungeduldig wie ich bin, vermassele ich so manches Werk vor seiner Vollendung. Auch Gedanken, die ich nicht zu ende gedacht habe, haben Lücken, oder gar Schäden in meiner Lebensbahn hinterlassen. Ich ernte sozusagen die Äpfel bevor sie reif sind, und wundere mich, dass sie sauer sind. Nun ja, aus Fehlern wird man klug, heißt es. Doch mit dem Klug werden, ist dass auch so eine Sache. Was Hänschen nicht lernt, lernt Hans nimmer mehr. Stimmt natürlich auch nicht immer, tröste ich mich! Ich weiß ja von meinen Defiziten. Und was man schon weiß... Franz Kafka meinte, - um auf die Geduld zurückzukommen, dass wir wegen der Ungeduld aus dem Paradies geflogen sind. Welch ein Drama! Gut, da war ich noch nicht dran beteiligt, aber es sollte mir zu denken geben! Doch wie schaffe ich es geduldiger zu werden? Ist die Ungeduld denn immer nur negativ? Ein polnisches Sprichwort sagt, Ungeduld ist wie ein Hemd voller Ameisen. In dem Fall fühlt sie sich krass negativ an, ohne Zweifel! Wenn ich mich an der Bibel orientiere, so soll ich geduldig in Trübsal sein. Was für eine düstere Aussicht! In Schulzeiten hieß es: Mit Geduld und Spucke, fängt man eine Mucke. Da ist zumindest ein Gewinn in Aussicht: Die Mucke! Ich gebe nicht auf, arbeite weiter dran, geduldiger zu werden, denn ich habe erfahren: Geduld ist die Kunst zu hoffen. Wer langsam geht, kommt auch ans Ziel. Auch Rom ist nicht an einem Tag gebaut worden. Was lange währt, wird endlich gut, und:

Die Hoffnung stirbt zuletzt!

Unterwegs

... in eine stille Welt. Eintauchen in geschriebene Worte. Erdacht oder erlebt. Poetisch, erheiternd, oder wohltuend leise kommen sie daher, beflügeln mich, nehmen mich gefangen. Geschriebene Worte.

Unterwegs sein...
in der Natur, neue Wege erkunden, Atmen, Spüren, Staunen. Neue Aussichten und tiefere Einsichten bekommen. Meine Gedanken lernen fliegen. Die Sorgen rücken in weite Ferne. Ich finde Ruhe beim Wandern.

Unterwegs

Unterwegs sein...

mit Freunden. Gute Gespräche. Auf verschlungenen Pfaden durch unsere Gedankenwelt reisen. Ansichten austauschen, Standpunkte erkennen, Nähe und Entfernung ausloten. Gefühle entdecken, Stimmungen wahrnehmen.

Unterwegs sein...

dem Fluss der Zeit folgen,

den Schiffen hinterher schauen bis zum Meer.

Sehnsucht nach Ferne. Ganz gleich, auf welchen Wegen ich unterwegs bin, ich begegne dem Leben auf unterschiedlichen Pfaden. Geist, Körper und Seele tanken auf. Bereichert und von Lebenslust gestillt.

Gedanken im März

Der März scheint vielmehr der Frühling als der April und weit weniger Winter. Eine immer wiederkehrende Sehnsucht nach Erneuerung erfasst die Menschen. Der Aufbruch in der Natur wird sichtbar. Die Bauern im Umland fangen an mit der Vorbereitung ihrer Felder. Traktoren rattern, es riecht nach aufgebrochener Erde. Eine imaginäre Aufbruchstimmung macht sich breit. Die Tage werden länger. Das frühe Jahr treibt uns an, beflügelt und inspiriert. Kraniche, die in großen Formationen aus dem Süden zurückkehren, sind ein sicheres Zeichen für den beginnenden Frühling. Die Singvögel sind plötzlich wieder da und emsig mit Nestbau und Brut beschäftigt. Wie bezaubernd ihr Singen klingt. Ihr jubilieren am Himmel erinnert mich an Violinen. Es zieht mich in den Garten, um die ersten grünen Spitzen der Frühblüher zu entdecken. Schneeglöckchen und Krokusse, ich begrüße sie wie alte Freunde. Die verblühten Hyazinthen, die mir zum Geburtstag geschenkt wurden, pflanze ich ins Beet. Sie werden nächstes Jahr neu erblühen. Die ersten Sonnenstrahlen wärmen Gesicht und Seele. Nach und nach weicht das triste Grau der vergangenen Monate. Frisches Grün, Gelb und Violett erobert die Beete. Gänseblümchen verzaubern die Wiese mit ihren weißen Köpfchen. Ich denke an Kindertage, wo wir Blütenkränze daraus flochten. Die Natur erwacht, und alles ist erfüllt von neuem Leben. Jahr für Jahr im März.

Mit allen Sinnen

Ein Waldspaziergang tut mir gut.Hier kann ich durchatmen, die Lungen vom Staub der Straße reinigen. Ich lasse mich bewusst darauf ein. Mein Wald nimmt mich freundlich auf, lässt mich eintauchen in eine sinnlich, mystische Welt. Er erzählt mir seine Geschichten, während meine Füße federnd über Moos bedeckten Boden schreiten. Der Wind in den Blättern flüstert von Märchen aus Kindertagen. Flirrendes Licht in den Zweigen lässt Feen tanzen, während Trolle sich im Unterholz verstecken, um mich zu erschrecken. Achtsam klettere ich über Wurzeln und Pflanzen. Fühle mich beobachtet, mein Wald schaut mir zu. Ein Käuzchen ruft. Es knackt und raschelt im

Unterholz: Was war das?? Über mir, in den Wipfeln der Baumkronen, das fröhliche Zwitschern der Vögel. Ich lehne mich an der rauen Borke einer mächtigen Eiche an, und lausche mit geschlossenen Augen dem Rauschen des Windes, dem gurgelnden Plätschern einer nahen Quelle, dem Gurren der Hohltaube, dem Gesang von Baumpieper und Eichelhäher. Ich höre das Trommeln des Spechtes und das Gesumme unzähliger Bienen und Insekten, leises Rascheln herabfallender Blätter. Rieche den würzigen Duft von Moos und Farn, von Fichte, Buche, Eiche, und den lieblichen Duft blühender Linden und des Geißblattes. Als ich meine Augen wieder öffne, werde ich belohnt mit satten Farben, Gelb, Grün, Rot und warmem Braun. Im höher gelegenen Buchenwald ist der Boden bedeckt mit Buschwindröschen, verwunschen schön. Nicht zuletzt beschenkt mich der Wald vom Sommer bis in den Herbst mit köstlichen Beeren, schmackhaften Pilzen und Nüssen. Vom Sturm gebeugt, neigt die alte Eiche am Bach ihren Stamm. Trotzig reckt sie einen knorrigen Ast in den Himmel, noch voller Lebenswillen. Kaum sichtbar, dennoch vorhanden, birgt der Wald längst vergangene, überwucherte Wahrheiten. Zeichen aus der Vergangenheit. Furten, alte Handelsstraßen und La Tène Öfen aus keltischer Zeit, erinnern noch heute an Menschen, die mühselig Wege gebahnt und ein hartes Leben gelebt haben. Die alten Bäume, die meinen Weg säumen, haben viele Leben gesehen. Sie sind wahre Zeitzeugen. Von imposanter Größe, mit kräftigen Wurzeln, stehen sie als Sinnbild für pures Sein. Ich habe mich in den Wald begeben, um mich zu bewegen, und bin bewegt von dem, was er mir gibt.

Wolkenbilder

An einem See im Gras liegend, beobachte ich am Himmel vorbeiziehende Wolken. Ich bestaune den ständigen Prozess der Veränderung. Manchmal erinnern sie mich an ein Tier oder eher ein Schiff? In einer anderen Wolke erahne ich ein Gesicht. Letztendlich sind sie wie flüchtige Gedanken. Phantasievoll und irreal. Sie bauen sich auf, verändern sich, segeln dahin. Sie lösen sich auf und werden vergessen. Ich stehe auf, laufe zum See und tauche ein ins erfrischende Nass. Auch hier sehe ich Wolkenbilder, gespiegelt im Wasser, durch Wellen verzerrt. Verletzte Wolken, blitzende Gebilde. Ich verlasse das Wasser, wickle mich in mein Badetuch und entspanne in der Wärme der Sonne.

Alle Wolken sind verflogen.

Verlorene Seelen

Als die Wolke hinter dem Berg auftauchte, am
späten Nachmittag, hatten wir erst Hälfte des
Weges geschafft. Die Kinder waren müde und
hungrig. Anton hatte hohes Fieber. Karl trug
den geschwächten Jungen auf dem Rücken.
Außer ein wenig Kräutertee, den Karl ihm ab
und zu einflößte, hatte er seit gestern nichts
mehr zu sich genommen. Auch Maria wim-
merte leise vor sich hin. Gerade mal sechs Jah-
re alt, hatte ihr Vater sie mit auf den beschwer-
lichen Weg durchs Gebirge bis ins Schwaben-
land geschickt. Ihre Mutter war bei der Geburt
des jüngsten Bruders gestorben. Vater hatte
ihn zu einer entfernten Verwandten gebracht.
Marias zehnjährige Schwester kümmerte sich
um den Haushalt und zwei weitere Geschwis-

ter. Ich strich Maria tröstend über das nasse braune Haar. Auch ihre Stirn erschien mir warm. Die schmalen Händchen waren blau vor Kälte, sie zitterte. Ich nahm mein Schultertuch und wickelte es um den kleinen Körper. „Bald machen wir Rast, Maria, bald", tröstete ich sie. Es war die zweite Reise auf der ich Kinder ins Schwabenland führte. Oft war es die einzige Chance für die Familien, zu überleben. Der Weg war beschwerlich. Einige Kinder überlebten diese Tortour nicht, und die, die dort ankamen, hatten bei Gott nichts Gutes zu erwarten. Vom Heimweh geplagt, wurden die meisten von ihnen als rechtlose Arbeitskräfte bis zur Erschöpfung ausgenutzt. Kleine Sklaven, für die es mehr Schläge als Brot gab, mehr Arbeit als Schlaf. Viele von ihnen wurden missbraucht. Nur wenige sahen ihre Familien wieder. Die Armut in den Berghütten war groß.

Die Wolke, die sich jetzt dunkel über uns ausbreitete, verhieß nichts Gutes. Die Luft roch nach Schnee. „Pause", rief Karl über die Köpfe der Kinder, und zeigte auf einen Felsvorsprung. Während die Kinder sich erschöpft auf die kalten Steine setzten, schickte Karl sich an, einen letzten Ruheplatz für Anton herzurichten. Anton hatte seinen Weg beendet. Ein kleines Kreuz aus Zweigen, ein letztes Gebet. Bald bedeckten Schneeflocken sein Grab.

Die Einsiedlerhütte

Es ist still in der Hütte an diesem Morgen im
September. Zu still. Ich vermisse den
schmächtigen Körper, der sich wärme suchend
an mich drückt. Das gleichmäßig leise Atmen,
den Duft des Kindes, der mein Herz weich
macht, obwohl ich ihm meine Liebe nicht zei-
ge. Die ersten Sonnenstrahlen erhellen die
Stube. Ich stehe auf, öffne die Holzschalen vor
dem Fenster, um mit meiner Bettdecke all
meine Sorgen und Träume auszulüften. Mein
Sonntagskleid, dass ich zur Einschulung mei-
nes Sohnes trug, hängt kraftlos am Haken der
Stubentür. Ich schlüpfe in die derben Hosen
die von Vater stammen, binde mein Haar zu
einem Knoten, das Kopftuch darüber. Auf dem
Weg zum Ziegenstall steht der Trog, der aus

einer Quelle gespeist wird. Eine Kelle frisches Wasser reicht mir zum Frühstück. Gesicht und Hände wasche ich mir ebenfalls dort. Die Ziegen meckern ärgerlich, als ich sie mit derben kalten Händen melke. Berni, wie ich mein Balg genannt habe, hat zarte feingliedrige Hände. Er war schon mit fünf Jahren fürs Melken verantwortlich. Später auch fürs Hüten auf der Alm. So hatte es Vater mit mir gehalten. Als Mutter nach einer Lungenentzündung starb, war ich Sechs. Wir begruben sie in der hartgefrorenen Erde auf dem alten Dorffriedhof. Die Trauergemeinde bestand aus dem Pastor, den vier Sargträgern, Vater und mir. Der Schnee, der über Nacht auf ihr Grab fiel, begrub zugleich all meine Träume. Mutter hatte mich früh das Schreiben und Lesen gelehrt, Flöte spielen und Handarbeiten, … „für ein besseres Leben", wie sie sagte. Vater hatte für derlei Zeugs, wie er es nannte, kein Verständnis. Er übertrug mir all die Arbeiten, die zuvor Mutter erledigt hatte, sodass mir keine Zeit zum Trauern oder Träumen blieb. Als Vater zehn Jahre später tot in seinem Bett lag, begrub man ihn neben Mutter. Ich blieb in der Hütte auf dem Berg, ohne weiter nachzudenken. Die Einsamkeit im Winter vertrieb ich mir mit Handarbeiten, die ich im Frühjahr auf den Markt ins Dorf brachte und gegen Nützliches tauschte. Sonntags holte ich die Blockflöte hervor, spielte selbsterdachte Melodien. Eines abends, im Winter 1944, klopfte es an meine Türe. Ich ließ den halb verhungerten, zerlumpten Soldaten der davor stand bei mir wohnen, pflegte seine Wunden. Als er im Frühjahr des folgenden Jahres sang und klanglos verschwand, empfand ich große Leere in der Hütte, und in meinem Herzen, bis ich spürte, dass mein Leib sich mit Leben füllte. Ins Dorf zurückkehren wollte ich nicht. Dort war meine Mutter als blutjunge Lehrerin von einem Hoferben geschwängert und als Hure verstoßen worden. Der seltsame Einsiedler vom Berg, hatte sie vorm sicheren Tod im eisigen See bewahrt. Sie war bei ihm geblieben. Ich nannte ihn Vater.

In zwei Tagen beginnen die Weihnachtsferien, und Berni, mein liebes Balg Berni, kommt zurück. Die Dielen der Stube sind geschrubbt. Einen Tannenzweig habe ich mit Schmuck aus Mutters Aussteuer Truhe behängt. Ich werde einen Kuchen backen, mein Sonntagskleid anziehen und ihm eine Flöte schenken, die ich im Dorf getauscht habe. Ich spüre Tränen in meinen Augen, von unbändiger Freude und tiefer Dankbarkeit. Es ist, als ob ein Damm in meiner Seele bricht. Ich lasse ihnen freien Lauf.

Leon

Das Meer schlägt seine Wellen wütend in den Sand des breiten Strandes, färbt ihn dunkel, gräbt ihn ab. Heftiger Ostwind peitscht mir das salzige Nass ins Gesicht. Ich streife meine Kapuze vom Kopf, in der Hoffnung besser sehen und hören zu können. Mein Blick sucht angestrengt nach etwas Rotem, und meine Ohren versuchen mehr als das Getöse von Wind und Wellen zu hören. Seit Stunden laufe ich den kilometerlangen Strand auf und ab, rufe, nein brülle verzweifelt den Namen meines Sohnes. Die Panik raubt mir fast die Sinne. Das einsetzende Gewitter und die Dunkelheit lassen mich erkennen, dass es besser ist, die Suche abzubrechen. Den ganzen Mittag über haben freiwillige Helfer und die Feuerwehr nach Leon gesucht. Das er am morgen nicht zuhause in seinem Bett lag, schuldete ich zunächst der Party am Strand. Erst am späten Vormittag erfasste mich eine große Unruhe. Es war sein Geburtstag und wir hatten einen Tisch beim Italiener reserviert. Ich rief seine Freunde an und erfuhr, das Leon die Party schon vor Mitternacht verlassen hatte. Nach und nach sickerte durch, dass seine langjährige Freundin sich an diesem Abend von ihm getrennt hat. Ich erahnte, wie ihn das verletzt hatte. Wusste ich doch von dem Ring, den er für sie gekauft hatte. Mein Gott, er wird sich doch nicht ...? Nein! An so etwas durfte ich nicht denken. Ich wollte ihn finden! Und trösten. Ich redete mir Mut zu und flehte: Gott hilf! Das zunehmende Gewitter zwang mich, endgültig die Suche abzubrechen. Völlig erschöpft und durchnässt erreichte ich unsere kleine Kate hinter dem Deich, die ich seit dem Tod von Leons Vater alleine bewirtschaftete.

Schon auf dem Weg zum Stall hörte ich das laute Blöken der Schafe. Sie wollten versorgt werden. Ich öffnete die quietschende Stalltüre, schaltete das Licht ein und füllte mechanisch den Eimer mit Wasser um es in den Trog zu gießen. Im halbdunkel sah ich etwas Rotes aufblitzen. Da lag Leon in seiner roten Jacke, zwischen den Tieren, inmitten ihrer stinkenden Hinterlassenschaften. Die leere Schnapsflasche umklammernd wie einen Rettungsanker, schlief er seinen Rausch aus. Weinend und überglücklich sank ich auf die Knie und umarmte das übel riechende Häufchen Elend. Dankbarkeit und Erleichterung erfüllten mich. Den Rest der Nacht blieb ich an Leons Seite, heilfroh, dass er 'nur' seinen Liebeskummer ertränkt hatte.

Klara und Er

„.... Müller ...‚Müller ...‚Müller ...“, sinnierte er halblaut vor sich hin, bis ihm auffiel, dass ihm zu dem Namen nichts einfiel. „Ist das nicht?“, versuchte er zu pokern. „Ja, ja, genau der!“, fiel Klara ihm ins Wort, bereit zu glauben, dass sie sich gedanklich auf einer Ebene bewegten, und von ein und derselben Person sprachen. Nur unklar nahm er die Erzählung um diesen ominösen Müller wahr. Zu sehr befasste ihn die Erkenntnis, dass er sich in letzter Zeit so schwertat mit dem Erinnern. Klara schien davon unbeeindruckt. Er hatte es bislang gut verbergen können. „Wo war das kleine Café noch, wo wir ihn getroffen haben?“, holte sie ihn aus seinen Gedanken. „Wen??“

„Ja diesen Müller, wen sonst?“ Klara war pikiert über soviel Unaufmerksamkeit, und schüttelte ärgerlich den Kopf. Er schämte sich, kam sich gedemütigt vor. Sie war in die Küche gegangen und räumte die Kaffeetassen in den Geschirrspüler. „Bist du fertig?", fragte sie unvermittelt. „Womit??" „Wir sind zum Geburtstagskaffee bei meiner Schwester eingeladen."

„Deiner Schwester?" „Ja! Verflixt nochmal, hast du das schon wieder vergessen?" Er fühlte sich elend, ertappt und irgendwie abgehängt. „Ich hab es dir heute Morgen schon drei mal erzählt, hörst du mir überhaupt noch zu? Und die Zahnpastatube hast du auch wieder offen gelassen!", setzte Klara ärgerlich nach.

Er spürte, wie blanke Wut in ihm aufstieg. Nie zuvor war er laut, oder gar böse geworden. Sein Innerstes bäumte sich auf, und im gleichen Augenblick donnerte seine Faust auf den Küchentisch, als wolle er damit die Geister der Vergesslichkeit vertreiben. Die Vase mit den Blumen wankte bedenklich. Dann bedeckte er sein Gesicht mit beiden Händen und weinte. Zusammengesunken saß er vor Klara, die hilflos dastand, offenbar unfähig sich zu rühren, oder ihn in die Arme zu nehmen. Wie sehr hätte er jetzt ihre Nähe und ihr Verständnis gebraucht. Erschöpft stand er auf, nahm Mantel und Hut vom Haken, und verließ wortlos das Haus.

Er machte sich auf, um zu Vergessen.

Robert

Mir fehlen die Worte, die Luft bleibt mir weg!
Dass dieser Luftikus es wagt sich hier sehen zu
lassen! Mir meinen Tag zu vermiesen. Mit al-
len habe ich gerechnet, nur nicht mit ihm. Es
soll ein besonderer Tag werden, mein sechzigs-
ter Geburtstag. Freunde und Familie sind ge-
kommen, um mir zuzuschauen wie ich mein
Geburtstagsgeschenk einlöse, und aus vielen
Kilometern Höhe via Tandem Sprung aus ei-
nem kleinen Flieger springe. Ohnehin schon
ein aufregendes Unterfangen, das mir viel Mut
abverlangt. Hätte ich nur den Mund nicht so
voll genommen, diesen Wunsch vor meinen
Kindern zu erwähnen! Und dann, der Schock:
Ausgerechnet Robert! Dieser Schönling, dieser

Flirt Experte, dieser ... ‚ach was weiß ich nicht alles, bei dessen bloßen Anblick mir schon vor zwanzig Jahren das Herz bebte. Der mich verließ, um einer feurigen Schönheit nachzustellen. Ausgerechnet er, nachdem ich mich lange in Sehnsucht verzehrte, ist mein Tandem Partner! Wie soll ich das aushalten? Ich werde aufgefordert, mir das nötige Tandem Geschirr anzulegen und mich zum Flugzeug zu begeben. Breit lächelnd steht er da und raubt mir immer noch den Atem. Er begrüßt mich herzlich mit dem Spruch: „Es ist mir eine große Freude mit dir in den Himmel zu fliegen, und gemeinsam ins Vergnügen zu stürzen. Auf eine glückliche Landung", flüstert er und zwinkert mir verschwörerisch zu. „Darauf habe ich mich sehr gefreut!" Hatten meine Kinder etwa ...? Weil sie davon wussten ...? Oh nein! Wie peinlich!

Und dann, der Sprung, ...eng mit ihm verbunden, hinab ins Ungewisse. Atemlos!

Der verschollene Ehemann

Er hatte sich eine Füllfeder gekauft. Nachdem er mehrmals seine Unterschrift, dann seine Initialen, seine Adresse, einige Wellenlinien, und schließlich die Adresse seiner Mutter auf ein Blatt gezeichnet hatte, nahm er einen neuen Bogen, faltete ihn sorgfältig und schrieb:

Verehrter Herr Reiffenrath,

herzlichen Dank für ihre Bemühung, mir bei der Aufklärung meiner Familien Angelegenheit behilflich zu sein.
Die Nachricht, dass mein Vater noch lebt, ist ausgesprochen er-

freulich.. Dass er jedoch in Deutschland, jenem Land, das soviel Unglück über uns alle gebracht hat lebt, enttäuscht mich zutiefst. Noch mehr kränkt mich die Nachricht, dass er dort ebenfalls verheiratet ist. Mit einer Deutschen! Ich gestehe, er hatte Glück und hat die Gunst der Stunde zu nutzen gewusst. Als Knecht hat er sich hochgedient, und später die Erbin, eine Magd des kinderlosen Gutsbesitzers, geheiratet. Nun ist er Millionär!

Ich werde meiner Mutter die Nachrichten so schonend wie möglich überbringen, und alsbald mit ihr die Reise nach Deutschland antreten.

Offengestanden bin ich erfüllt von Neugier auf den Vater, den ich nicht bewusst kennengelernt, und doch mein Leben lang vermisst habe. Dennoch bin ich wütend über das Leid, das er meiner Mutter zugefügt hat. Sie hatte kein einfaches Leben. Sei es frevelhaft oder nicht, ich empfinde eine gewisse Schadenfreude, wenn wir sein Leben durch unser unangekündigtes Erscheinen ordentlich durcheinanderbringen. Wie wird er reagieren, und wie sich entscheiden?

Ihnen Herr Reiffenrath, danke ich von Herzen, Licht in dieses dunkle Kapitel meiner Familie gebracht zu haben. Bald werde ich meinen Vater, dank Ihrer Hilfe kennenlernen.

In herzlicher Verbundenheit
Ihr Emil Zatopec

Der braune Koffer

Mit der Reise an die See erfülle ich mir einen Traum. Ich reise allein, und habe eine Bleibe im Haus meiner Tante, die zur Zeit in Kur weilt. Das kleine ehemalige Kapitäns Häuschen liegt unmittelbar am Deich, und der Weg durch den Garten führt vorbei an einer Wildrosenhecke, direkt zum naturbelassenen Strand. Ich werde das gemütliche Gästezimmer unterm Dach beziehen, von wo aus man einen traumhaften Blick auf Dünen und Meer hat. Besser gehts nicht! Tante Imka ist froh, während ihrer Abwesenheit jemanden im Haus zu wissen, und ich freue mich auf drei Wochen Ruhe, um ungestört und nach Herzenslust zu Schreiben. Als ich den alten braunen Lederkoffer vom Kleiderschrank hole, muss ich ihn entstauben. Liebevoll streiche ich mit der Hand über das von Gebrauchsspuren gezeichnete Leder. Aufkleber erzählen von Reisen in ferne Länder. Sorgfältig fülle ich ihn mit den ausgewählten Kleidungsstücken Kosmetikartikeln, meinem Laptop, Block und Lieblingsstiften. Ich erinnere mich an den Tag, als der Koffer in meinem Leben ankam. Vor ein paar Jahren habe ich ihn bei einer Auktion des Frankfurter Flughafens erworben. Er gehört zu den vielen Gegenständen, die vergessen wurden, aus irgendeinem Grund dort gestrandet sind. Nach einer gewissen Frist werden sie versteigert. Für mich war es Liebe auf den ersten Blick. Er hat mich fasziniert. Ich war gespannt, was er mir zu erzählen hatte, und was er vom Leben des Vorbesitzers preiszugeben bereit war. Ein Gefühl von Sehnsucht erfasste mich, zumindest in Gedanken mit dem Inhalt des Koffers auf Reisen zu gehen. Dann, der feierliche Moment, wo er in meinem Wohnzimmer stand und ich das unverschlossene Schloss mit einem Klacken öffnete.

Der Inhalt des Koffers stellte klar, dass es sich bei der Besitzerin um eine Dame gehandelt hat. Die Kleidungsstücke zeugten von Stil und verrieten, dass sie die letzte gemeinsame Reise mit ihrem Koffer in wärmere Gefilde unternommen hat. Ein zerbeulter, breitkrempiger Sonnenhut, bequeme Leinen-Bekleidung. Festes Schuhwerk verriet, dass sie viel unterwegs war. Ein Reiseführer löste das Rätsel um ihr Reiseziel: Ägypten. In einem der Schuhe fand ich, sorgfältig eingewickelt in ein Seidentuch, einen Glasflakon. Als ich ihn öffnete, nahm ich den Duft von kostbarem Rosenöl wahr. Unter weiteren Kleidungsstücken entdeckte ich ein Reisetagebuch. Ich blätterte und staunte, wie sorgfältig sie ihre Eindrücke niedergeschrieben und durch kleine Skizzen ergänzt hatte. Sie ließ mich eintauchen und in Gedanken ein Stück mit ihr zusammen reisen. Gerne hätte ich mehr über sie erfahren. Warum hatte sie den Koffer am Flughafen zurückgelassen?

Ob sie ihn vermisst, ihren alten braunen Reisegefährten? Ich werde ihn in Ehren halten, mich von ihm inspirieren lassen zur Freiheit des Reisens, des Erinnerns und vor allem des Schreibens.

Lebkuchen

Ich erinnere mich an eines der ersten Weihnachtsfeste, das wir in unserem neuen Haus feierten. Ich war damals vierzehn Jahre. Wir hatten die kleine Wohnung im Obergeschoss an eine ältere Dame vermietet. Frau Drieschner, so hieß sie, stammte aus Dresden. Sie war als Kriegs vertriebene mit ihrem Mann nach Siegen gekommen. Ihr Mann verstarb, darauf hin zog sie zu uns. Der einzige Sohn kam nicht zurück aus dem Krieg. Das Kerzchen der Hoffnung am Fenster brannte jeden Abend. Einmal schenkte sie meiner Mutter zur Vorweihnachtszeit ein Lebkuchen Rezept aus ihrer Heimat. Es war eine lange Liste mit exotischen Zutaten. Das Hirschhornsalz habe ich in einer Apotheke in Siegen besorgt. Statt Honig nahm Mama Rübensirup, weil er günstiger war. Nie zuvor hatte sie dieses aufwändige Backwerk zubereitet. Am Ende war es relativ hart. Aber das war nicht so wichtig. Auf jeden Fall war es was Besonderes. Würzig, mit leckerem Schokoladenguss. Der Duft von Zimt, Nelken und Kardamom brannte sich für alle Zeit in mein Weihnachtsgedächtnis ein. Herzen und Sterne, die das Fest versüßten. Ein wenig wie im Märchen. Hänsel und Gretel, die sich damit die hungrigen Bäuche vollschlugen. Oder wie auf der Kirmes in der Stadt, wo es Herzen mit Liebesschwüren und Zuckerblumen gab. Mama hat Frau Drieschners Rezept aufbewahrt, auch wenn sie es nicht mehr backt. Bis heute sind Lebkuchen und Printen mein Lieblings Gebäck zu Weihnachten, gerne gemütlich zu einer Tasse Tee, wie ich ihn manches mal mit ihr getrunken habe. So erinnere ich mich an diese bemerkenswerte, vornehme, kleine Frau aus Dresden

Omas Küche

Die Wohnung meiner Großmutter, an die ich mich aus Kindertagen erinnere, war klein, und einfach eingerichtet. Die sogenannte 'Gute Stube' hatte einen besonderen Status. Sie wurde nur zu feierlichen Anlässen genutzt und geheizt, meist war die Türe verschlossen. Ihre Schlafstube verfügte nur über das Nötigste, einschließlich einem Nachtstuhl, da sich das Klohäuschen mit Donnerbalken hinterm Haus befand. Die Küche aber war das Herz und die Seele der Wohnung. Hier pulsierte das wahre Leben. Hier war es warm und heimelig.Ich erinnere mich, dass Oma immer recht früh auf den Beinen war. Sie befeuerte den Herd, um Wasser und Milch zu erwärmen, während ich in einem winzigen Raum neben der Küche schlief, nur durch einen Vorhang abgetrennt. Leise Musik aus dem Radio, und das Klappern von Geschirr weckten mich. Duft von frisch gebrühtem Kaffee, der noch mit der Handmühle gemahlen wurde, ist mir in guter Erinnerung. Ebenso das Plätschern am Spülstein, der zum Spülen, Waschen und Zähneputzen genutzt wurde. Ein Herd mit chromblitzender Stange und schwarzem Ofenrohr dominierte die kleine Küche. Sonntags war er bedeckt mit Töpfen, in denen kräftige Rinderbrühe simmerte, deftiger Braten schmorte. Die Kartoffeln, ebeso wie das Gemüse kamen aus eigenem Garten. Es war das Sonntagmittags - Standard Menü, das Oma mit Bravour zubereitete. Das Gebet vorm Essen gehörte zum festen Ritual. Auch fürs Samstagsbad wurde die Küche genutzt. Oma stellte ein Zinn-Zuber auf, befüllte es mit heißem Wasser aus dem Kessel, um es mit Kaltem auf die richtige Temperatur zu bringen. Die Küche stand unter

Dampf. Gerne schaute ich Oma zu, wenn sie Reibekuchen buk, und Pflaumenkuchen auf großen Blechen. Zu besonderen Anlässen gab es Schlagsahne, die sie mit einem Handrührgerät aufschlug. Nachmittags, wenn die Arbeit erledigt war, spielte Oma am Küchentisch „Mensch ärgere dich nicht"und Domino mit mir. „Es ist wichtig, auch Verlieren zu können", sagte sie. Die alte Uhr in der Küche begleitete mit stoischem Gleichklang die Tage, die mir so gemächlich im Gedächtnis sind. Vielleicht, weil ich sie ohne die Errungenschaften der Neuzeit in Erinnerung habe, die uns heute Zeit und Mühe ersparen. Alles, was damals bewegt wurde, wurde von Hand erledigt. So hatte selbst das Mahlen von Kaffeebohnen, das Nachlegen von Holzscheiten in den Ofen, das Kneten des Brotteiges etwas meditatives. Zumindest aus meiner verklärten Sicht der Erinnerung.

Schlange

Da ist sie, die Schlange. Ich steh im dicksten Freitagnachmittag Verkehr vor der Ampel. Rushhour in Siegen. Vom Kölner Tor bis an Kochs Ecke steht alles. Extra lange Ampelschaltungen sollen die Autofahrer davon abhalten, durch die Innenstadt zu fahren, der Feinstaubbelastung wegen. Aber ich will Einkaufen! Und der Laden ist mitten in der Stadt. Mit bestem Parkplatz- Angebot. Beim Blick in den Rückspiegel erkenne ich, am Steuer eines offenen Cabriolets, die Chefin meines Mannes. Sie schminkt sich ihre gepolsterten Lippen passend zum Rot ihrer Ledersitze. Es wird Grün, langsam gehts weiter. Zwei Ampeln und eine Viertelstunde später, biege ich ab zum Parkplatz am Biomarkt. Ich reihe mich erneut ein, diesmal in die Schlange an der Brot und Käsetheke. Als ich endlich dran bin, stupst mich jemand an. Die Chefin meines Mannes steht neben mir, zischelt irgendwas von „Sie sind sicher so freundlich, ich habs eilig" in mein Ohr, und schlängelt sich ohne eine Antwort abzuwarten, an mir vorbei. „Unverschämtheit!", denke ich. Schlucke aber aus purer Höflichkeit jeden Widerspruch runter. Der Anblick ihres artgerechten schlangen imitierten Handtäschchens beruhigt mich. Da wird sicher kein Großeinkauf reinpassen. Ich nehme mir vor, ein freundliches Gesicht zu behalten.Wie sehr man sich doch täuschen kann, merke ich fünfzehn Minuten später, als sie immer noch mit der Bestellung eines Geburtstagsbuffets für ungefähr sechzig Personen beschäftigt ist. Meine Geduld ist arg strapaziert, das kann ich kaum verbergen. Als sie endlich fertig ist, schleicht sie ohne Dank und Gruß an mir vorbei. Mir kommt die Metapher Schlange in den Sinn. Ich füge ihr das Adjektiv „falsche" davor.

„American Gothic", oder

Else und Karl Friedrich

Ich stelle mich halb hinter Karl Friedrich. Ein Fotograf wird uns ablichten, um unsere Anwesenheit zu dokumentierend, mein Gott, wie aufregend! „Bitte still stehen", mahnt der Fotograf, „sonst verwackelt das Bild!" Ich schaue meinen Mann von der Seite an. Wie er da steht, mit seiner Heugabel. Mir drängt sich das Gefühl auf, als ob er bewaffnet sei. „Ja verdammt"..., explodiert es plötzlich in mir, „ich habe Gefühle, die er nicht wahrnimmt, weil er sie nicht kennt, ja, nicht einmal ahnt!" Grob ist er, und steif in seinem Gehabe. Alles braucht Ordnung, ist geregelt! Passiert einmal etwas Unerwartetes, oder Wunderliches, kritisiert und korrigiert er es sofort. Anderssein ist ihm unheimlich. Großer Gott, erst in diesem Moment des fotografiert Werdens und stille Haltens erkenne ich meinen Mann, so, als sähe ich ihn zum allerersten Mal. Die Maske der Frömmigkeit, hinter der er Macht ausübt. Der schmale Mund, der Härte verrät und der sture Blick, der jede liebevolle Geste abschmettert, als wäre es eine Waffe, gegen die es sich zu wehren gilt. Und dazu passend: Die Heugabel!" Es blitzt und pafft: Das Foto ist geschossen, und das Bild von Karl Friedrich hat sich in meine Seele eingebrannt.

Lachen ist gesund!

Ich lese, die VHS bietet unter der Rubrik „Gesundheit" einen speziellen Kurs an, in dem es um Lachübungen geht, ein so genanntes „Lachyoga." Ein geradezu absurder Gedanke, sich mit fremden Leuten zu treffen, womöglich auf Kommando zu lachen, bei uns im Siegerland! Vielleicht noch in verschiedenen Tonlagen? Die Vorstellung entlockt mir ein schräges Grinsen. Aber ich bin neugierig und mach mit. Der Gesundheit zuliebe. Klingt zumindest weniger schweißtreibend als Joggen. Der Kursleiter, seines Zeichens amtierender Clown einer Kinderklinik, beginnt mit der theoretischen Einführung: „Atmung und Lachen wirken sich positiv über das Zwerchfell, auf Herz, Darm und nicht zuletzt die Seele aus! Wir beginnen mit einfachen Lockerungsübungen. Lasst einfach alles wackeln, was wackeln kann!" Es folgt ein mehrfach tiefes Ein- und

Ausatmen: „Bitte mit Lippenbremse!" Welch eine Vorstellung! (Die Handbremse war mir ein Begriff...) Weiter geht es mit der Finger – Akupressur, die für die Stimulation sorgt, wie er sagt. Schließlich kommen wir zum Kern der Veranstaltung: Den Lachübungen! Ein zunächst trocken gehecheltes „Ho, ho, ha, ha, ha, Ho, ho, ha, ha, ha", schwillt langsam an, zum rhythmisch ekstatischen Chor, worauf sich, - ob der Komik- eine unvorhersehbare Lachsalve entwickelt. Meine Lippen sind nicht mehr zu bremsen. Ich verlasse den Raum, um die Gesichts- muskulatur unter Kontrolle zu bringen. Das war hart! Einmal tief durchatmen, dann betrete ich den Raum erneut, wo geatmet, gehechelt und gelacht wird. Was ich mitgenommen habe aus diesem Kurs, ist ein ordentlicher Muskelkater im Zwerchfellbereich, ein paar zusätzliche Lachfältchen und die Erkenntnis, dass gemeinsam Lachen tierisch viel Spaß macht.

Klassentreffen

Mein Gott, wie aufregend, ein Klassentreffen! Nach 55 Jahren sehen wir uns wieder. Zuvor hat sich niemand dafür interessiert, keiner gekümmert.Ort des Events ist die alte Dorfkneipe, die unweit unserer ehemaligen Volksschule noch existiert. Ich habe mich dafür in Schale geworfen. Bin zur Kosmetikerin und zum Friseur gegangen, auch ein neues Outfit musste sein. Derart aufgebrezelt und gestylt, begebe ich mich eine knappe Stunde eher auf den Weg zum Treffpunkt. Vom Haus meiner Eltern, bei denen ich mich für eine Nacht einquartiert habe, sind es nur zehn Minuten Fußweg. Da ich schon dreißig Jahre in Dorsten lebe, habe ich wenig Kontakt zu den Leuten im Ort. Ich setze mich in eine Ecke des Gastraumes, um zu checken, wer da alles so reinkommt. Ob ich sie erkenne, meine Mitschüler und Mitschülerinnen? Bin jetzt doch ein wenig aufgeregt. Die Tür zum Gastraum öffnet sich. Ein älteres Pärchen betritt den Raum. Keine Ahnung, das sind sicher keine Klassenkameraden. Weitere ältere Herrschaften folgen. Ein runder Geburtstag? Von 70 bis - was weiß ich, - alles drin! Nach einer Stunde werde ich langsam nervös und frage den Wirt nach dem reservierten Raum fürs Klassentreffen. Er führt mich hin. Ich bin die letzte, wie peinlich! Der Raum ist gut gefüllt. Einige der älteren Herrschaften von vorhin sehe ich jetzt wieder. Ich schlucke bei der Einsicht, dass ich keinen der Anwesenden auf Anhieb erkannt habe. Die hübsche Uschi, damals Schwarm aller Jungs -, der schneidige Franz, jetzt mit Brille, Bart und Bauchansatz, die ehemals gertenschlanke Hanni, Helmut mit den dichten schwarzen Locken, heute in lichtem Grau, oder Inge mit ihren süßen Grübchen, kaum wiederzuerkennen! Als letzter Gast werde ich besonders in Augenschein genommen. „Elke?", fragt Anne zweifelnd. „Mein Gott, wie haben wir uns verändert!" Ich werde fröhlich in die Runde runzliger, molliger, grauhaariger, bebrillter und kahlköpfiger Leute aufgenommen, um gemeinsam mit ihnen im Meer der Erinnerungen zu versinken.

Zwei Minuten

Manche Leute haben ein etwas verzerrtes Zeitgefühl, wenn es zum Beispiel um zwei Minuten Hilfe geht. Als Außendienstlerin bemühe ich mich, Termine punktgenau einzuhalten, um meinen Terminpartner nicht aus seinem Zeitfenster zu stoßen. Mitunter zieht das sogar verkehrsrechtliche Konsequenzen nach sich. So fallen mir andererseits meine wenigen grauen Haare vom Kopf, wenn mich mein so geduldiger Partner bittet, ihm zwei Minuten bei irgend einer Tätigkeit zu helfen. Es gelingt ihm regelmäßig die angefragten zwei Minuten zu zehn, zwanzig, oder gar dreißig Minuten auszudehnen, sodass ich getrost alles andere um mindestens eine halbe Stunde verschieben muss. Hat er dadurch einen Vorteil? Ist er ein

Minutendieb? Spart er sich die Zeit, die ich ihm länger zur Verfügung stehe? Lebt er dadurch länger?? Ach wenn ich's nur wüsste, was er mit meiner Zeit anfängt. Vielleicht hebt er sie ja für mich auf???

Zahnweh

Papa hat Zahnweh. Es ist Sonntag. Mama googelt im Internet einen Notdienst. Der für unser Gebiet zuständige Arzt heißt Dr. Klein. Seine Praxis befindet sich in Altenkirchen. „Das ist eine geschlagene Stunde zu fahren", klagt der Schmerzgeplagte. Er hält sich einen Eisbeutel auf die Wange. Mutter verkneift sich trotz der misslichen Situation die Bemerkung nicht, dass er zukünftig doch besser die Nusszange zum Nüsse knacken benutzen sollte. Hat Papa Tränen des Schmerzes, oder gar der Wut in seinen Augen? Ein abgebrochener Zahn ist keine Lappalie, erst recht nicht, wenn der restliche Stummel bis in die Wurzel kariös ist. Mama sucht das Krankenkärtchen, packt einen Kühl Akku aus dem Eisschrank ein, und bietet Papa für unterwegs eine Schmerztablette der Extraklasse an, damit er und seine Begleiter die weite Fahrt einigermaßen gut überstehen. In Altenkirchen angekommen, lesen sie ein Schild an der Praxistüre: Wegen plötzlichem Notfall geschlossen. Wenden sie sich in dringenden Fällen bitte an Dr. Eberlein, Dorfstraße 6. Nach knapp fünf Minuten ist auch diese Adresse erreicht. Das Schild mit der Aufschrift: „Tierarztpraxis" gibt Papa den Rest! Ihm steht das Wasser in den Augen und er scheint noch blasser als zuvor. „Dasch daaf doch nish wah sein!" , schlurft es aus seinem verschwollenen Mund. Mutter ist nun voll im Hilfsmodus und läutet an der Praxistür. Ein Kerl wie ein Bär, mit Blut besprizter Gummischürze öffnet, und fragt um welches Tier es sich handelt, dass seiner Hilfe bedarf. „Um meinen Mann, gibt Mutter kleinlaut zur Antwort, er hat Zahnschmerzen." „Na, dann haben Sie bitte noch einen Augenblick Geduld, bin gleich mit dem Dackel vom Zahnarzt Doktor Klein fertig. Dann kann er sich in seiner Praxis um ihren Mann kümmern." Ich meine fast das Poltern des Steines zu hören, der Papa vom Herzen rollt. Bleibt die Moral von der Geschicht,

„Knack Nüsse mit den Zähnen nicht!"

Mir gehts gar nicht gut...

Das weiß ich, und mein Arzt, der weiß es mittlerweile auch. Es vergeht keine Woche, wo ich seine Hilfe nicht benötige. Selbstverständlich bin ich nicht untätig in eigener Sache und informiere mich. Das Internet, oder diverse Hausfrauenlektüren sind die ergiebigsten Quellen, und unterstützen meine Recherchen. Besonders aktiv bin ich an den Wochenenden, wenn die Praxis zu hat, und niemand da ist, der sich um mich kümmert, - geschweige denn, mit mir über meine Leiden redet. Dann laufe ich zur Höchstform auf. Ich google und lese was das Zeug hält. Notiere mir alle relevanten Symptome und Fachbegriffe, beschäftige mich intensiv mit den dazugehörenden Krankheitsverläufen, sodass ich montags gut vorbereitet, pünktlich zu Praxisbeginn im Wartezimmer sitze. Bewaffnet mit einem

Spickzettel, auf dem ich mir meine eigen diagnostizierten Erkrankungen nochmal verinnerliche, bevor ich aufgerufen werde. Zur Sicherheit nutze ich die Wartezeit, und blättere die ausgelegten Zeitschriften durch, ergänze meine Notizen hier und da um fehlende Details. Ich weiß, dass die Ärzte heutzutage überfordert sind und zu wenig Zeit haben, sich mit langwierigen Untersuchungs- und Diagnoseritualen aufzuhalten. Zeit ist Geld! Während die meisten Patienten mit einer banalen Grippe, Bauchweh oder einem Knochenbruch durch die Arztzimmer geschleust werden, ist es bei mir weitaus komplexer. Der Arzt macht sich, trotz meiner Eigeninitiative wohl ziemlich viele Gedanken. Er versucht Verknüpfungen zwischen den verschiedenen Krankheitsbildern zu erstellen, um schlüssige Antworten zu finden.

Nach einigen Wochen ist er, - wie er sagt-, zu einer recht eindeutigen Krankheitserkennung gelangt. In Erwartung des Schlimmsten, sitze ich vor seinem Schreibtisch, wo er mir die niederschmetternde Diagnose mitteilt: „Sie leiden an einer ziemlich ausgeprägten Form der Hypochondrie!" Ich bin geschockt!! Unter Aufbringung aller Kraft fragt ich: „Wie lange noch?" Den Kopf wiegend antwortet er: „Mit der schnellstmöglichen Anschaffung eines Haustieres, möglichst eines Hundes, schaffen sie es, wie alle durchschnittlich gesunden Menschen, noch bis etwa Mitte neunzig!" Was soll ich sagen, seit ich mit Waldi täglich spazieren gehe, mich um ihn kümmere und mit vielen anderen Hundebesitzern ins Gespräch komme, geht es mir erstaunlicherweise von Tag zu Tag besser. Ab und zu google ich oder lese in einschlägigen Hunde Zeitschriften, um alles über das gesunde Leben meines Vierbeiners zu erfahren.

Die Weihnachtsgans

Der Baum steht, der Stern steckt in der Spitze wie es sich gehört, die Kugeln sind gleichmäßig verteilt. Soweit alles im Lot! Die Familie ist eingeladen. Die Organisation für die Bewirtung hat mich vier volle Tage gekostet. Tag eins: Die Planung. „Was will ich auf den Tisch bringen?" Tag zwei: Der Einkauf in vier verschiedenen Lebensmittelläden. Tag drei: Die Vorbereitung der Speisen und das Backen der Tortenböden. Und schließlich Tag vier: Die Zubereitung. Warum habe ich mich nur für die Gans entschieden? Ich hätte wissen müssen, dass dieses Gericht meine Kochkünste einfach übersteigt. Die Arbeitsplatte der Küche ist zu klein, meine Küche gleicht einem Schlachtfeld! Das Füllen des Vogels kostet Nerven. Er bleibt nicht liegen, rutscht unflätig hin und her. Bin versucht ihn festzubinden. Ausgerechnet jetzt ruft Mutter an, um über ihre Kaffeefahrt zu berichten. Den Hörer zwischen Ohr und Schulter geklemmt, lausche ich geduldig ihren Erzählungen und stopfe gleichzeitig die Füllung in das Tier. (Multitasking kann ich!) Das abschließende Zunähen erfordert Fachkenntnisse, die mir schon meine Handarbeitslehrerin in der Grundschule abgesprochen hat. Nachdem ich den Braten in die Röhre geschoben habe, ist es höchste Zeit auch Knödel und Rotkraut in die Töpfe zu kriegen und die Nachspeise zuzubereiten. Knapp zwei Stunden später steht unsere Familie vor der Tür. Ich habe es soeben geschafft, meine Schürze an den Haken zu hängen und mir den Schweiß von der Stirn zu tupfen. Mit verzückten Lächeln empfange ich unsere Lieben aufs Herzlichste. Aller Stress fällt ab. Mein Mann trägt den Braten würdevoll zu Tisch, und schneidet ihn portionsweise auf.

Wie gut er duftet und wie knusprig er aussieht! (Der Vogel). Ausgerechnet mein Mann macht eine sonderbare Entdeckung in der Füllung. Etwas metallisch glänzendes kommt zu Tage: Mein Fingerhut! Erklärungsnot! Er ist mir wohl beim Zunähen vom Finger gerutscht und in der Füllung verschwunden. Die Familie trägt es mit Humor und ich bin heilfroh, dass sonst nichts zum Vorschein kommt. Ebenso wie das Lied „Alle Jahre wieder", bleibt dieses Erlebnis fester Bestandteil eines jeden Weihnachtsfestes. Egal, ob mit oder ohne Gans.

Drunter und drüber

Ich habe den Kopf voller Gedanken,...Wirr, bunt, ernst, und so weiter. Sie schwirren durch meinen Kopf, stapeln sich hinter einer Türe mit der Aufschrift: Vorsicht! Gedankengut – Sammellager! Ich fühle das Chaos körperlich, spüre wie es sich in meinem „Hinterstübchen" ausbreitet und stelle mir die Unordnung bildhaft vor. Die Gedanken kommen nie zur Ruhe, geistern sogar nachts durch meinen Kopf, besetzen mich sozusagen. Es geht dabei um „Gott und die Welt." Vieles unter dem Oberbegriff „Erinnerungen" liegt in der hintersten Ecke versteckt, das ich sie lange suchen und mühsam zusammen puzzeln muss. Ist sie dann noch wahr, oder hat sie sich längst mit anderen Eindrücken vermischt? Ist das Vergessen mitunter die bessere Variante? Kommt drauf an! Manchmal blitzt das eine oder andere Ereignis auf, an das ich lieber nicht mehr erinnert werden möchte. Auch fällt es mir immer schwerer, meine Gedanken zusammen zu halten. Sie entgleiten mir, und verschwinden im schwarzen Loch des Vergessens: Ein gerade gedachter Gedanke, ein Gesicht, ein Name, ein Schlüssel, ein Termin, ein Geburtstag, meine Mutter an der Aldi Kasse, bis hin zum: „Was wollte ich nur hier im Keller holen?" Es wiederholt sich, und ist manchmal voll peinlich! Mittlerweile hat sich soviel da oben angesammelt, das es mich am Denken hindert, und dringend ausgemistet gehört, damit Platz für Neues ist. Oder mehr Klarheit! Guter Gott ..., könntest du nicht über Nacht mit einer Putzkolonne anrücken, mir gewissermaßen eine Gehirnwäsche verpassen, sodass ich morgens wieder frische Gedanken und neue Ideen sammeln kann?

Märchenhaftes

Zwerg Nase war dicht am Rande eines Nervenzusammenbruchs. Er schrie, was das Zeug hielt und rüttelte verzweifelt an den Gitterstäben. Dabei war die Wahrscheinlichkeit eher gering, dass ihn hier jemand finden würde. Im Grunde war es sogar dass geniale Versteck, wenn, das verflixte Schloss nicht zugeklappt wäre. So hatte er sich das jedenfalls nicht vorgestellt. Seine Absicht war, dass sie sein Fehlen bemerkten, sich sorgten und ihn suchen würden. Ein wenig Aufmerksamkeit halt. Zwei geschlagene Stunden saß er schon fest. Und niemand schien ihn zu vermissen. Er schaute auf die neue Armbanduhr, die Mama ihm zum Geburtstag geschenkt hatte, und setzte sich resigniert auf den Boden. Schuld an allem trug Schneewittchen, seine Stiefschwester. Dieses Weib brachte ihn schier auf die Palme! Foppte ihn, seiner geringen Größe, der Figur oder wegen seiner mächtigen Nase! Er konnte doch nichts dafür, dass sein Kopf wie eine Kugel auf einem Fass saß. Er hatte sich schließlich nicht selbst erfunden! Seit sie in diese WG gezogen waren, setzte sie ihm extrem zu. Rotkäppchen war die Einzige unter den Mitbewohnern, die es gut mit ihm meinte, und zu ihm stand. Das verpennte Dornröschen, oder die schöne Jorinde, die ständig mit seltsamen Vögeln abhing, und auch die naive, leichtgläubige Rosenrot schlugen sich auf Schneewittchens Seite. Na ja, auch Aschenputtel stand nicht gerade auf der Sonnenseite des Lebens, und Hänsel und Gretel waren auch nicht viel besser dran. Ihre Stiefmütter waren richtige Hexen. Aber Schneewittchen sollte eigentlich dankbar sein! Immerhin hatte seine Familie sie bei sich aufgenommen, nachdem ihre Mutter sie vor die Tür gesetzt hatte, weil sie so ein Lotterleben führte. Es gab Zeiten, wo er sie am liebsten mit vergifteten würde. Ach, wenn er nur einen halben Meter größer wäre! Neuerdings hatte Schneewittchen einen Prinzen zum Freund, mit Froschaugen! Er besaß eine schicke Villa am Stadtrand. „Hoffentlich zieht sie bald zu ihm" dachte er grimmig. Während er so da saß, und immer noch auf seine Rettung wartete, wurde es nebenan im Stall unruhig. Die Tiere hatten Hunger. Der Hahn krähte, der Esel fühlte sich berufen mit zu krakeelen. Die Katze maunzte ärgerlich und der Hund kläffte. Was für ein seltsamer Gesang! Kurze Zeit später vernahm er die schweren Schritte des treuen Johannes, der den Stall betrat, um die Tiere zu füttern. Mit den Riesenstiefeln und dem albernen Federhut sah er aus wie der Gestiefelte Kater. Er war es dann auch, der ihn entdeckte und aus seiner misslichen Lage befreite. Zwerg Nase fühlte sich wie Hans im Glück. Ab und zu war dieser komische Kauz, der vorgab die Sprache der Raben zu verstehen doch von Nutzen. Was soll's, dachte der Zwerg, ich spre-

che schließlich auch mit meinem Eichhörn-
chen. Mittlerweile hatte er richtig Kohldampf.
Doch es war wie verhext. Schneewittchen hat-
te seine Abwesenheit genutzt, um eine Party
zu feiern. Der Kühlschrank war rappel leer,
und Aschenputtel, - wie üblich zum Aufräu-
men verdonnert, während Schneewittchen mit
ihrem Prinzen im Cabrio davonbrauste, um
beim tapferen Schneiderlein Klamotten zu
kaufen. Zwerg Nase war wütend wie ein Rum-
pelstilzchen, wünschte ihr schlimme Dinge.
Wenigstens sieben Kinder mit langen Hälsen,
oder einen Buckel! Was für ein Tohuwabohu!
Er sehnte sich nach einem gedeckten Tisch-
lein, oder alternativ nach einem Sack mit ei-
nem Knüppel. Am besten alles auf einmal und
dazu noch eine gute Fee, die all seine Wünsche
erfüllen würde.

Stell dir vor,...

Du wachst morgens auf und alles ist anders.
Halb verschlafen kriechst du aus deinem Bett,
und schlurfst zum Fenster. Ein unangenehmer
schwefliger Geruch steigt dir in die Nase. Er
erinnert dich an etwas, es fällt dir im Moment
nicht ein. Du schaust raus, in den usseligen
Novembermorgen. Die Bäume sind größten-
teils kahl, die Stürme waren heftig. Es gießt in
Strömen. Alles soweit normal im Herbst. Dich
fröstelt. Trotz geschlossener Fenster zieht es
eiskalt an dir vorbei. Der fiese Geruch und die
Kälte verfolgen dich ins Bad. Hast du dir was
eingefangen? Es sind ja mittlerweile die übels-
ten Sachen unterwegs. Schweinepest, Vogel-
grippe ...? Man ist vor nichts mehr sicher! Du
ziehst dich an, und gehst zum Bäcker, Bröt-
chen holen und die Bild. Die Leute unterwegs
scheinen dir heute unfreundlicher und ver-

schlossen. Regen prasselt dir ins Gesicht. Das Krächzen der Raben, die sich zu Dutzenden im Park versammelt haben, nervt dich. Novemberstimmung pur! Im Bäckerladen herrscht Gedränge. Leises Getuschel, verstohlene Blicke, fast wie auf einer Beerdigung. Dein Nachbar Rudi steht ebenfalls an. Er dreht sich zu dir um und schüttelt traurig den Kopf. „Hast du schon gehört?", flüstert er. „Nee, was denn?", fragst du ahnungslos.

„Die Götter haben das Handtuch geworfen! Es heißt, dass sie die Nase gestrichen voll von uns haben", fügt er erklärend hinzu. „Wie konnte das denn passieren?" fragst du geschockt! „Ich meine, dass können die doch nicht bringen, die können uns nicht einfach im Stich lassen! Schließlich zahlen wir Kirchensteuer und wir haben sie verdammt nochmal in Ruhe gelassen. War sogar am Heiligabend in der Kirche! Kann man sich denn heutzutage nicht mal mehr auf seinen Gott verlassen?" Du regst dich tierisch auf! „Meinst du *ALLE* Götter?", hakt dein Kumpel Ali aus der Wohnung über dir nach. „Alle!", antwortet Rudi knapp. „Und wer zum Teufel soll das jetzt machen?" Die Verkäuferin seufzt und hebt hilflos die Schultern, während sie die Brötchen für Rudi in die Tüte zählt. Der BWL Student mit der Dinkelstange weiß mehr. „Es gibt drei Kandidaten, die sich um den Job beworben haben." Rudi ist irritiert. „Wie jetzt?..., kann das denn jeder? Das ist…, das ist doch..., „Ein Scheißjob, richtig!", vollendet der Student, „schlecht bezahlt, keinerlei Anerkennung und diese ständige Erreichbarkeit, das hält keine Sau auf Dauer aus!" „Kommt mir bekannt vor", murmelt die Verkäuferin, und schaut bekümmert in die Runde. „Mein Mann ist bei der Feuerwehr, ich weiß, wovon ihr redet." „Und wer zum Henker hat sich beworben?", fragst Du den Studenten. „Also", erklärt er, „der DAX erstmal hat positiv reagiert, er ist

gestiegen!" „Aha ..., äh, versteh ich nicht ...",
gesteht Ali irritiert. „Ja und? Wer macht den
Job??", bohrst Du weiter, weil die Frage nach
Gott Dir wichtiger scheint, als irgendein DAX.
„Na ja, die Namen traut sich keiner in den
Mund zu nehmen" flüstert der Student, und
schaut sich vorsichtig nach allen Seiten um.
„Man spricht von einem Kerl mit strohblonder
Tolle. Der zweite Typ trägt eine Art Verband
um den Kopf, - man weiß nicht genau, was
sich darunter verbirgt. Er macht aber die
dicksten Wahlversprechen..." „Ja, was, um
Himmels Willen verspricht er denn?", unter-
brichst Du ihn ungeduldig. „Jede Menge Jung-
frauen, für den der freiwillig abtritt!" „Wie
jetzt? Zur Beerdigung?", fragt die Verkäuferin
betroffen. Nee, grinst der Student, „im Him-
melbett!" „Nur Frauen??" outet sich Rudi. Der
BWLer rückt ein wenig zur Seite und fächelt
mit der 'Bild', ehe er mit der Aufzählung fort-
fährt...„ und der dritte Bewerber hat einen

Igel-Kopfschmuck." „Aber was hat denn die scheiß Frisur mit dem Job zu tun?", fragst Du empört. „Nichts, rein gar nichts!" , antwortet der Student beruhigend. „Aber wie gesagt, der Job ist frei, und niemand will ihn haben, der außer einer coolen Frisur auch noch Hirn hat."

Ich will...

Ich will nicht so sein , wie die Alten,
mit weißem Haar, und all den Falten.
Die störrisch auf ihr Recht bestehen,
nicht mehr gut hören und schlecht sehen.
Die ihre Hände selbstgefällig falten.
Ich will nicht so sein, wie die Alten.

Sie schieben ihre Einkaufswagen
Geschwindigkeitsbegrenzt im Laden.
Bummeln quer durch die Regale,
bleiben stehn, zum x-ten Male.
Schau'n sich jedes Preisschild an,
als wärs ein Bild von Mondrian.

An der Kasse noch ein Schwätzchen,

„Ach, wie geht's denn ihrem Kätzchen?

Ich hab heute so ein Zwicken,
kann beim Anziehn mich kaum bücken.

Was muss ich zahlen, sagten Sie??

Hab auch Arthrose noch, -im Knie!"

„Habs sicher passend, warten Sie!"

Dann, der Griff ins Portemonnaie.

„Ich hab bestimmt noch einen Pfennig!"

Das Gekrame dauert ewig.

„Verzeihen Sie, ist doch zu wenig!

Werd nächste Woche zweiundneunzig"

Sie schaut mir grienend ins Gesicht,

ich fühl mich plötzlich kalt erwischt.

Sie hat wohl meinen Stress gespürt?

Was mich jetzt irgendwie berührt.

Nehm ihren den Einkauf aus dem Wagen,

um ihr die Last nach Haus zu tragen.

Zum Dank will sie mir auch was geben

Erzählt beim Tee aus ihrem Leben.

Total geflasht hör ich ihr zu.

Echt krass, die Frau kennt kein Tabu!

„Ey Alter", sag ich mir am Ende,

„ich glaub mein Leben braucht ne Wende!"

Ganz herzlich danke ich Mike, Gabi und Ursula für Rat und Tat, und die geduldige Unterstützung wenn ich Hilfe brauchte.

Herstellung und Verlag: BoD – Books on Demand,
Norderstedt

© 2018 Heidrun Päulgen

Bibliografische Information der Deutschen
Nationalbibliothek

Die Deutsche Nationalbibliothek verzeichnet diese
Publikation in der Deutschen Nationalbibliografie;
detaillierte bibliografische Daten sind im Internet über
http://dnb.d-nb.de abrufbar.

ISBN: 9-783-7481-3772-6